Xavier Reckers

# Trends und Marketingbeispiele im Markt für Reiseaccessoires

## Am Beispiel von Louis Vuitton

GRIN Verlag

**Bibliografische Information der Deutschen Nationalbibliothek:**

Die Deutsche Bibliothek verzeichnet diese Publikation in der Deutschen National-
bibliografie; detaillierte bibliografische Daten sind im Internet über http://dnb.d-
nb.de/ abrufbar.

**Impressum:**

Copyright © 2007 GRIN Verlag GmbH
Druck und Bindung: Books on Demand GmbH, Norderstedt Germany
ISBN: 978-3-638-92605-8

**Dieses Buch bei GRIN:**

http://www.grin.com/de/e-book/86705/trends-und-marketingbeispiele-im-markt-
fuer-reiseaccessoires

## GRIN - Your knowledge has value

Der GRIN Verlag publiziert seit 1998 wissenschaftliche Arbeiten von Studenten, Hochschullehrern und anderen Akademikern als eBook und gedrucktes Buch. Die Verlagswebsite www.grin.com ist die ideale Plattform zur Veröffentlichung von Hausarbeiten, Abschlussarbeiten, wissenschaftlichen Aufsätzen, Dissertationen und Fachbüchern.

## Besuchen Sie uns im Internet:

http://www.grin.com/

http://www.facebook.com/grincom

http://www.twitter.com/grin_com

Georg-August-Universität Göttingen
Institut für Marketing und Handel
Abteilung Marketing

Marketing Übung:   Branchenspezifisches Marketing

Thema:             Trends und Marketingbeispiele im Markt für Reiseaccessoires
                   (am Bsp. von Louis Vuitton)

Autor:          Xavier Reckers
Studiengang:    VWL Diplom
Fachsemester:   8
Abgabe:         20.05.2007

# Inhaltsverzeichnis

## Abkürzungsverzeichnis

| | |
|---|---|
| B2B | = Business to Business |
| B2C | = Business to Consumer |
| E-Commerce | = Electronic Commerce |
| E-Marketing | = Electronic Marketing |
| M-Commerce | = Mobile Commerce |
| USD | = US Dollar |

## Abbildungsverzeichnis

# 1.  Einleitung

In Zeiten der Globalisierung, in welcher die Mobilität der Menschen zunimmt, benötigen alle Reisenden, ob Privat- oder Geschäftsreisende, das nötige Gepäck, um nach eigenem Ermessen ihr Hab und Gut transportieren zu können. Der globale Markt für Reiseaccessoires entspricht demnach der Marktform eines Polypols, da fast alle Menschen Produkte aus ihm nachfragen und die Angebotsseite von einer Vielzahl von Produzenten gebildet wird (Vgl. o.V. 2007 Wirtschaftslexikon24). Die Zeiten, in denen Reiseaccessoires allerdings nur funktional sein mussten, sind, soweit es sie überhaupt jemals gegeben hat, vorbei. Individualität wird auch im Bereich der Reiseaccessoires groß geschrieben. Auch hier gilt, dass die Art und Weise, wie man sein Gepäck bzw. sein täglich Benötigtes transportiert, genau wie auch die Kleidung viel über den einzelnen Menschen aussagt und demnach Markenimage und Qualität der Produkte von herausragender Bedeutung sind.

## 1.1.  Hinführung zum Thema

Diese Arbeit befasst sich mit Trends- und Marketingbeispielen aus dem Markt und somit der Branche für Reiseaccessoires. Der erste Teil der Arbeit präsentiert die allgemeinen Marktgegebenheiten der Branche und liefert darauf aufbauend eine Marktprognose für den Markt der Reiseaccessoires. Der Fokus der Marktanalyse liegt dabei auf den USA und der EU. Der zweite Teil wird sich darauf aufbauend mit den gegenwärtigen und zukünftig zu erwartenden Trends und Besonderheiten der Branche befassen.

Die branchenspezifischen Besonderheiten und deren Auswirkungen auf das zielgruppenspezifische Marketing von Anbietern für exklusive Reiseaccessoires, werden schließlich anhand von Beispielen, bezogen auf den Marketing Mix von Louis Vuitton verdeutlicht.

## 1.2.  Herleitung und Ausformulierung der Fragestellung

In Anlehnung an das Thema der Arbeit werden, nachdem der relevante Markt mit seinen Gegebenheiten, Chancen und Nutzen analysiert wurde, die Trends der Branche vorgestellt sowie die Art und Weise des branchenspezifischen Marketings näher betrachtet. Die Arbeit soll auf folgende Fragen Antwort geben:

Was waren die Trends der Branche in der Vergangenheit?

Wo gehen die Trends der Branche hin?

Auf was für eine Art und Weise wird Marketing, im Markt für exklusive Reiseaccessoires, durch Louis Vuitton betrieben?

## 1.3. Abgrenzung des Themas

Da unter dem Begriff Reiseaccessoires nahe zu alles, was für die Mobilität der Menschen relevant ist verstanden wird und somit der Markt insgesamt kaum zu analysieren bzw. zu behandeln ist, werden in dieser Arbeit die nachfolgenden Abgrenzungen vorgenommen.

Im ersten Teil der Arbeit, der einführenden theoretischen Marktbetrachtung, der globalen Marktanalyse und der folgenden Marktprognose, wird der Markt für Reiseaccessoires als Markt für Reisegepäck und Lederwaren betrachtet. Nur so war es möglich, auf internationale Datenquellen, welche den Markt beschreiben, zurückzugreifen. Der betrachtete Markt bietet somit auf der Angebotsseite Reisegepäck in jeglicher Form sowie weitere Lederwaren, wie bspw. Handtaschen, Gürtel etc.. Die auf die Marktanalyse folgende Marktprognose stützt sich auf Kennzahlen der letzten Jahre aus den USA sowie Großbritannien und ist somit auch primär auf diese Märkte anwendbar.

Der zweite Teil der Arbeit befasst sich zunächst allgemein mit den Trends der Branche für Reiseaccessoires auf der Angebots- und Nachfragerseite. Darauf aufbauend mit den Markttrends exklusiver Anbieter der Branche und dem angewandten branchenspezifischen Marketing von Louis Vuitton, als Anbieter im Segment exklusiver Reiseaccessoires.

Aufgrund der schwierigen Informationslage und dem zurückhaltenden Informationsverhalten seitens verschiedener Unternehmen und Verbände der Branche, beziehen sich die folgenden Ausführungen auf zugängliche Informationen von den jeweiligen Homepages der Unternehmen sowie auf weitere unternehmenseigene- sowie andere branchenbezogene Publikationen.

## 2.  Marktanalyse: Markt für Reisegepäck und Lederwaren

Auf dem Markt für Reisegepäck und Lederwaren werden nahezu alle Arten von Produkten angeboten, die zum Transport von Gütern und im Lederwarenbereich nachgefragt werden. Es handelt sich bei dem betrachteten Markt aufgrund der Vielzahl von Anbietern und Nachfragern um ein Poylpol.

Neben der Transportmöglichkeit von Gütern und der Qualität der Produkte spielen auf der Nachfragerseite auch Eigenschaften wie Funktionalität, Design, Preis und Marke eine entscheidende Rolle.

Die folgende Marktbeschreibung und Markterklärung beruht auf Annahmen der neoklassischen Markttheorie, welche unseren zu betrachtenden Markt als ökonomischen Ort des Tausches von Reisegepäck und Lederwaren ansieht, auf dem sich durch das Zusammentreffen von Angebot und Nachfrage ein Marktpreis bildet (Vgl. Bartling, Luzius 1992 S.53, zitiert nach Schickwert 1998 S.4).

Abb. 1: Marktmodell

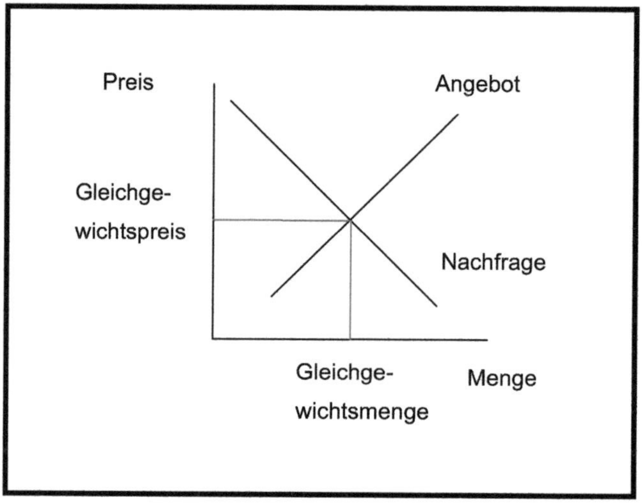

Quelle: Eigen Darstellung

Dem im Folgenden von uns betrachteten Markt sind mehrere Märkte sowohl vor- als auch nachgelagert. Zu nennen sind im Bereich der vorgelagerten Märkte von Lederwaren, die Rinderzucht, Gerb-, und Lederverarbeitungsindustrie und als nachgelagerte Märkte z.B. der Markt für Serviceleistungen im After Sales Geschäft wie bspw. der von Leder- bzw. allgemeinen Reparaturleistungen.

Die Anzahl der Beschäftigten in der Gerbindustrie sowie der daran anschließenden Lederwarenverarbeitung, wird weltweit auf mehr als 500.000 Angestellte geschätzt (Vgl. o.V. 2005 Key Note Publications).

Da sich diese Zahl allerdings lediglich auf eine Vorstufe dieses Marktes bezieht, wird deutlich, wie hoch die Anzahl der mit dieser Branche zusammenhängenden Arbeitsplätze weltweit ist.

Im Rahmen dieser allgemeinen Marktbetrachtung ist des Weiteren, das hohe Umweltverschmutzungspotenzial der Gerbungsbranche zu nennen, welches weltweit, je nach vorhandenen Umweltschutzstandards, zu unterschiedlich hohen Umweltbelastungen und damit zu negativen externen Effekten führt (Vgl. o.V. 2003 Umweltbundesamt). So wurde bspw. die indische Stadt Ranipet in die Liste der schmutzigsten Städte der Welt aufgenommen, als Folge von enormen Unweltverschmutzungen, die dort durch angesiedelte Gerbereien entstanden sind.

Die geringeren Umweltstandards und der komparative Vorteil des großen Angebotes des Faktors Arbeit in Schwellen- und Entwicklungsländern wird somit durch die ansässigen Produzenten genutzt, um Produktionskostenvorteile für ihre Güter zu realisieren.

Im Gegensatz dazu hat z.B. in England die Branche in den letzten Jahren unter den hohen Investitionen zur Einhaltung der Umweltschutzbestimmungen leiden müssen (Vgl. o.V. 2007 Key Note Publications).

Die Angebotsseite des Marktes wird somit, als Folge des Freihandels, durch eine Vielzahl von kleinen und wenigen großen Anbietern, welche nur auf den Reise-, und Lederwarenmarkt spezialisiert sind, wie z. B. Samsonite, bestimmt und ist somit weltweit kaum überschaubar. Der Markt beinhaltet aufgrund dessen eine hohe Anzahl an Substitutionsmöglichkeiten, wobei die Produkte meist mit ähnlichen Materialien gefertigt werden.

Um den günstigen Importwaren im Bereich der Reiseaccessoires in den Industrieländern zu begegnen, welche verstärkt durch den Beitritt Chinas zur WTO seit 2001 auf die Märkte gelangen, sind Produzenten innerhalb der industrialisierten Welt gezwungen, sich auf Eigenschaften wie Markenbekanntheit, Markenimage, Produktqualität und Design zu konzentrieren. Durch den Preisdruck im Markt infolge des Freihandels ist es somit essentiell für Anbieter sich durch eine individuelle Markenstrategie zu positionieren (Vgl. 2005 Key Note Publications).

Die Anbieter der Branche sind oft in Verbänden organisiert. So existiert z. B. in Deutschland der Bundesverband für Lederwaren und Kunststofferzeugnisse e.V. In den USA vertritt der Verband „The Luggage and Leather Goods Manufacturers of America (LLGMA)" etwa 300 Mitglieder der Gepäck- und Lederwarenindustrie (Vgl. Abend 1999).

Die größten Anbieter der Branche sollen hier kurz genannt werden.

Samsonite bezeichnet sich selbst als globalen Marktführer im Bereich der Reiseaccessoires (Vgl. o.V. 2007 Samsonite). Im Jahr 1999 entfielen auf Samsonite geschätzte 30 % des Umsatzes auf den US amerikanischen Markt. Platz zwei der umsatzstärksten Unternehmen auf dem US Markt ging an JCPenny´s Jaguar mit rund 7 % des Marktumsatzes. Auf Platz 3 folgte Atlantic Luggage Co. mit rund 6 % des Umsatzes im Jahr 1999. Der Rest des Marktes und somit ca. 57 %, wurde von den vielen anderen Anbietern bedient, was den großen Umfang der Angebotsseite verdeutlicht (Vgl. Abend 1999 S.1).

Als weitere große Player der Branche im Bereich exklusiver Reiseaccessoires sind die Louis Vuitton Moët Hennessy Group (LVMH) und Gucci zu nennen. Die LVMH Group, welche mit 13 verschiedenen Brands, unter anderem Louis Vuitton, den Markt bedient erwirtschaftete im Jahr 2006 im Bereich Fashion & Leather Goods einen Umsatz 5,222 Milliarden Euro (Vgl. o.V. 2007 S.6, Louis Vuitton Moet Hennessy, Report 2006). Gucci erzielte 2006 im Bereich Leather Goods einen Umsatz von 1,1667 Milliarden Euro (Vgl. o.V. 2007 S.7, Gucci Group, 2006 Sales Results). Des Weiteren sind, wie bereits erwähnt, auf dem Markt eine Vielzahl anderer Anbieter aktiv, welche zwar einen Großteil des Marktumsatzes machen, allerdings aufgrund der schwierigen Informationslage nicht näher analysiert werden können und sollen.

Die Nachfrageseite nach Produkten der Branche wird durch nahezu alle Endverbraucher gestellt. Deren in Betracht kommende Anzahl ist somit kaum annähernd genau zu beziffern. Einen gewissen Anhaltspunkt gibt lediglich die Zahl der Flugreisenden und somit potenziellen Kunden von Reisegepäck. Diese wurde im Jahr 1999 auf rund 650 Millionen geschätzt und dürfte in den letzten Jahren noch deutlich angestiegen sein (Vgl. Abend 1999 S.2).

In der Distribution der Produkte werden alle gängigen Vertriebswege genutzt, inklusive Home Shopping und eCommerce.

Der Absatz der Produkte erfolgt allerdings größtenteils über den Handel, wobei die Distributionspolitik individuell für jedes Unternehmen betrachtet werden muss. So wurden im Jahr 1999 trotz einer starken Zunahme an großen Warenhäusern, welche